Fit fürs... Lesen und Schreiben

Mein Übungsheft

1. Klasse

Text: Sonja Reichert
Illustration: Guido Wandrey

TESSLOFF

Vorwort

Hallo du,

du möchtest lesen und schreiben üben, damit du richtig fit wirst? Dann bist du hier genau richtig! Meine Ameisenfreunde und ich haben jede Menge Übungen für dich: zum Lesen und Schreiben von Lauten und Buchstaben sowie Texte verstehen und schreiben lernen. Wir Ameisen sind auch mit dabei!

So funktioniert's

Am besten, du nimmst dir jeden Tag ein paar Minuten Zeit zum Üben. In der Heftmitte findest du die lustigen Ameisensticker. Für jede gelöste Doppelseite schnappst du dir einen, der dir gefällt, und klebst ihn auf das Ausmalbild. Sind alle Felder voll, bist du fit für die Schule!

Hast du alles richtig?

Das Lösungsheft in der Mitte hilft dir bei der Selbstkontrolle. Du kannst es auch herausnehmen.

Ich wünsche dir viel Ameisen-Power beim Üben!

Inhaltsverzeichnis

Laute hören und erkennen

1 In die Kisten gehören die Dinge, die mit demselben Laut beginnen. Verbinde sie.

Laute hören und erkennen

2 Welches Wort fängt nicht mit demselben Laut an?
Streiche es durch.

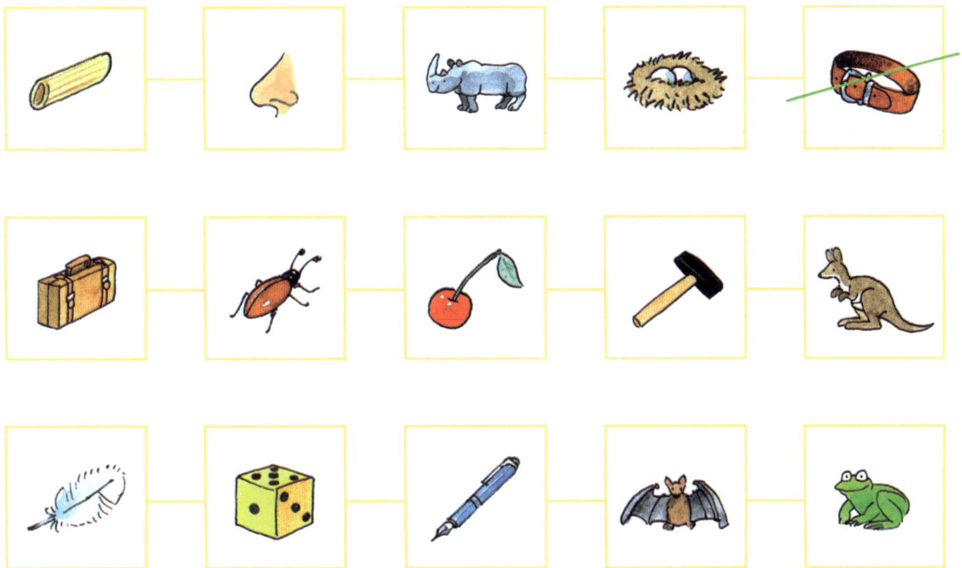

3 Welches Wort endet nicht mit demselben Laut?
Streiche es durch.

Laute hören und erkennen

4 Sprich das Wort langsam und laut. Hörst du den Laut am Anfang, in der Mitte oder am Ende? Kreuze an.

m 

X

l 

s 

5 In vielen Wörtern hörst du einen Laut öfter. Kreuze an.

n 

e  

t 

Schwünge üben

1 Fahre die Linien nach und setze die Muster fort.

Schau genau

1 Finde dieselbe Figur. Kreise sie ein.

2 Finde die richtigen Buchstaben. Kreise sie ein.

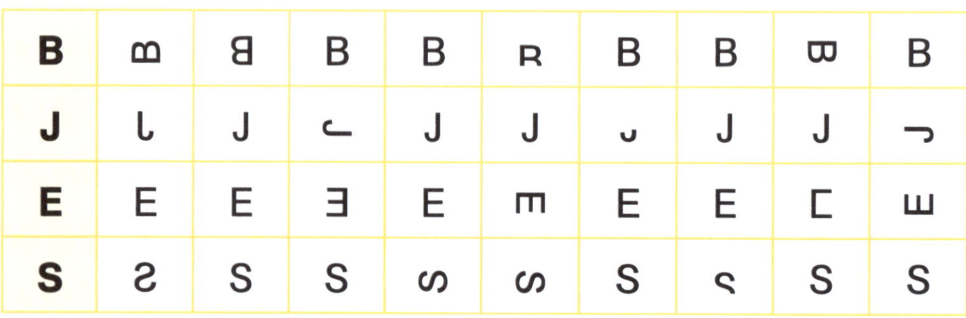

Buchstaben erkennen und schreiben

1 Spure die Buchstaben nach. Achte auf die Pfeile.

Buchstaben erkennen und schreiben

Buchstaben erkennen und schreiben

2 Findest du die Buchstaben, die zusammengehören?
Verbinde sie.

A			b
	B	m	
C			e
	D	j	
E			c
	F	g	
G			f
	H	d	
I			h
	J	i	
K			a
	L	l	
M			k

Buchstaben erkennen und schreiben

N O P Q R S T U V W X Y Z

u s v w y r x o z t q n p

Buchstaben erkennen und schreiben

3 Findest du alle **L** und **l**? Kreise sie ein.

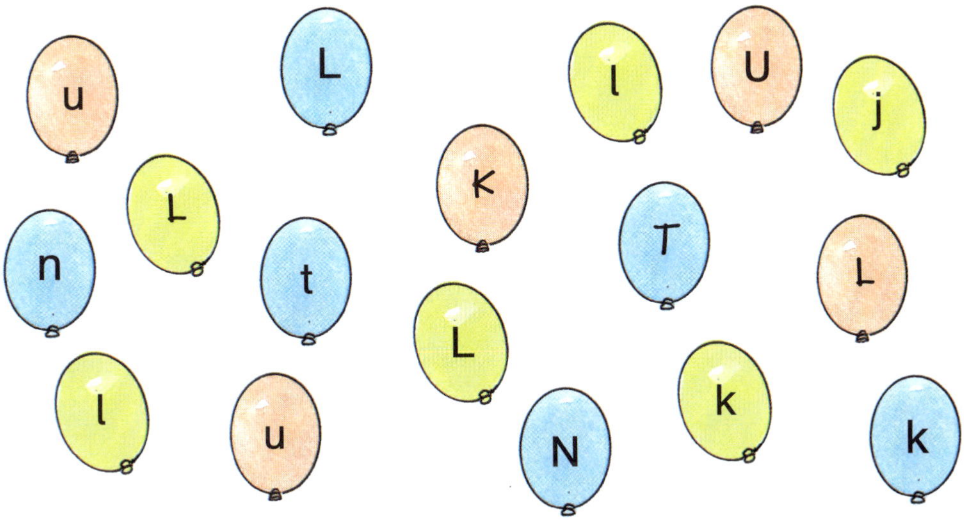

4 Findest du alle **R** und **r**? Kreise sie ein.

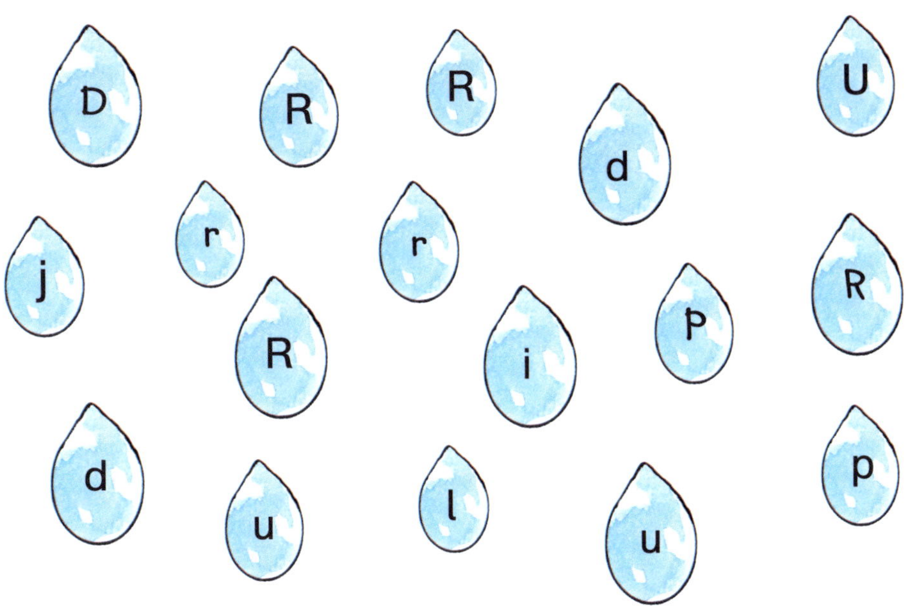

Buchstaben erkennen und schreiben

5 Schreibe die Buchstaben.

A a

E e

I i

O o

U u

6 Kannst du auch diese Buchstaben schreiben?

Mm

Tt

Bb

Ss

Buchstaben erkennen und schreiben

7 Kannst du das Rätsel lösen? Schreibe unter jedes Bild den Buchstaben, mit dem das Wort beginnt.

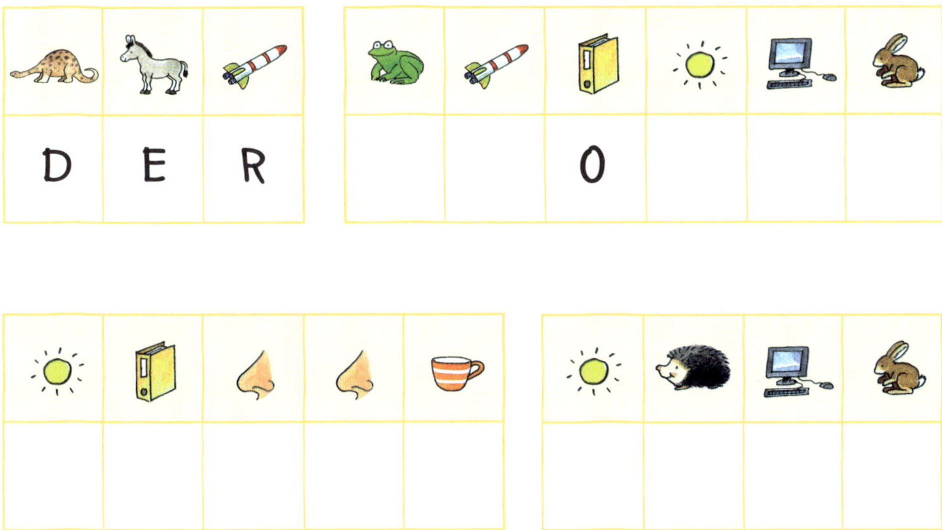

Doppellaute erkennen und schreiben

1 Kannst du die Doppellaute schreiben? Spure die Buchstaben nach. Achte beim Schreiben auf die Pfeile.

2 Kreise alle Doppellaute ein. Schreibe die Wörter auf.

mein

Reime finden

1 Verbinde die Reimwörter.

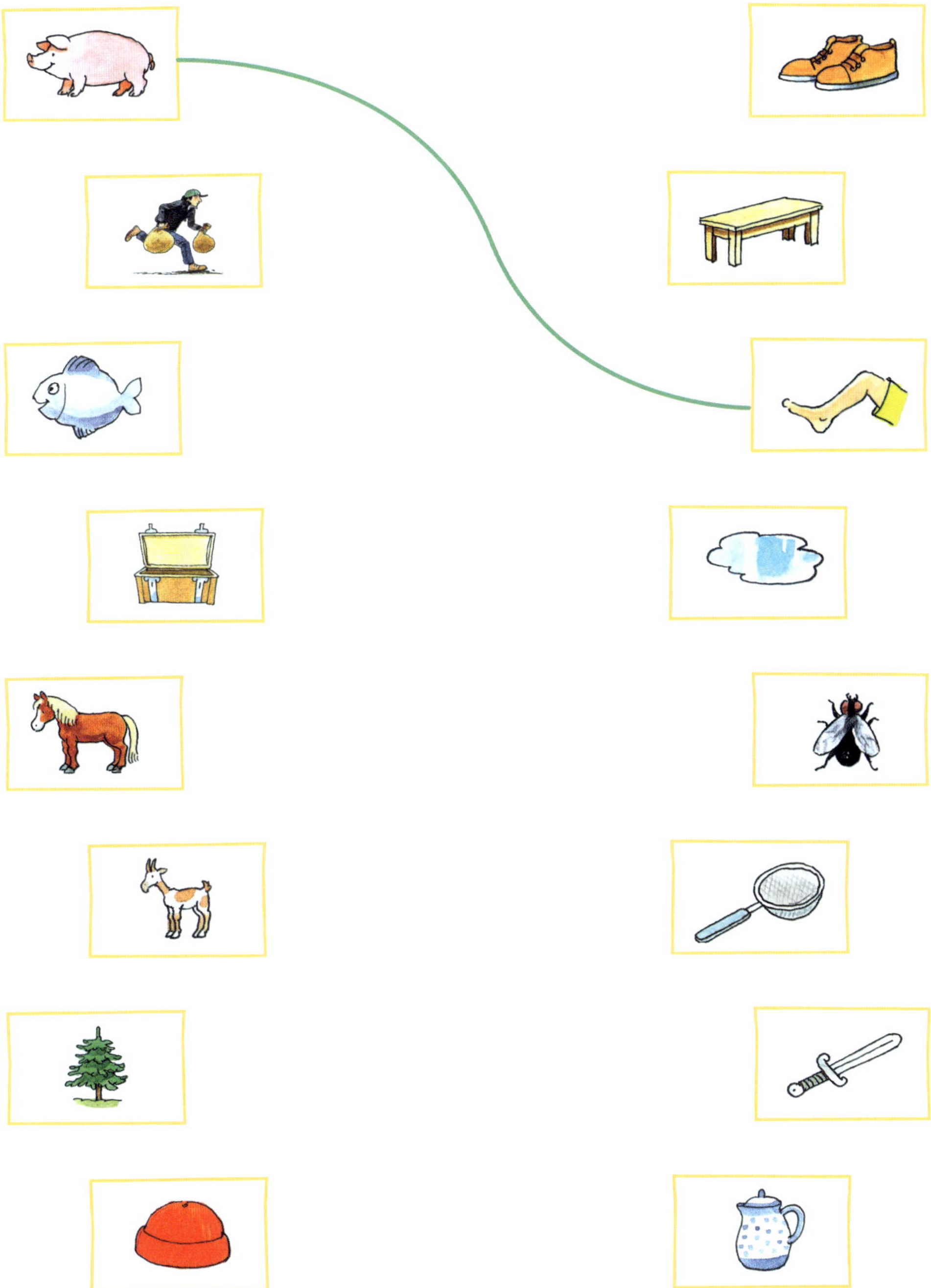

Reime finden

2 Welche Namen der Dinge reimen sich? Verbinde sie.

Lack

Rochen

Knopf

Rose

Vase

Schüssel

Tonne

Silben

1 Wie viele Silben hat das Wort?

Silben

2 Wie viele Silben haben die Wörter? Ergänze die Silbenbögen.

Federball	Schule	Luftpumpe
Buch	Heft	Helm
Turnbeutel	Globus	Kreide

3 Ordne die Wörter zu.

Silben

4 Erkennst du die Wörter? Schreibe sie auf.

se Ho

Hose

ge Au

fant E le

sen Pau hof

ten Tin fisch

kel Schau pferd

strei fen Ze bra

cher le bril Tau

schen Ta pe lam

Wörter finden

1 Welche 6 Wörter verstecken sich hier? Kreise sie ein.
Schreibe jedes Wort in eine Zeile.

X	S	C	H	W	I	M	M	B	A	D
L	U	T	R	U	T	S	C	H	E	B
T	S	R	T	J	I	S	O	N	N	E
I	Z	K	I	N	D	E	R	G	E	B
O	P	S	P	A	ß	H	R	L	O	C
F	E	I	S	S	E	B	A	H	L	F

Wörter finden

2 Welches Wort passt zum Bild? Kreuze es an.

☐ der Löwe ☒ der Löffel ☐ das Los

☐ der Engel ☐ der Efeu ☐ der Erfinder

☐ drehen ☐ das Dorf ☐ der Drache

☐ schicken ☐ schreiben ☐ schenken

☐ die Katze ☐ der Käfig ☐ das Klavier

☐ der Klee ☐ klettern ☐ kleben

Lesebilder malen

1 Lies und male.

der Baum

die Ameise

das Eis

der Mond

das Bett

die Wolke

2 Lies und male, was fehlt.

drei Sonnen

fünf Bälle

vier Blumen

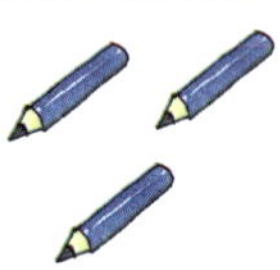

sechs Stifte

zwei Bananen

acht Fliegen

Wörter lesen

1 Verbinde die Wörter mit den passenden Bildern.

der Planet | die Rakete | Das Ufo

die Erde | die Astronautin

 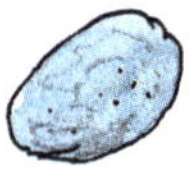   

das Reh | das Gras | das Blatt

das Wasser | der Stein

die Schaukel | das Kind | der Eimer

die Rutsche | die Sandburg

Lautgetreue Wörter schreiben

1 Schreibe die Wörter. In jedes Feld gehört ein Buchstabe.

B U S

Lautgetreue Wörter schreiben

2 Die Buchstaben sind durcheinandergeraten. Erkennst du die Wörter? Schreibe sie auf.

ä
r B

l t n
e
a P

m a
K l e

n a
L
i l e

a n d
a P

a a n
B n e

e N
a s

e L
m p a

Wörter mit Au/au

1 Wo hörst du das au ? Kreuze an.

	X	

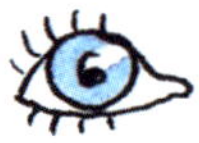

2 Schreibe die Wörter.

 r au F

 au l b

 b r n au e T

 au M s

 m B au

Wörter mit Ei/ei

1 In welchen Wörtern hörst du das (ei)? Kreise sie ein.

2 Lies die Wörter. Kreise alle **Ei/ei** ein.

eins	mein	frei	Zauberei
Eidechse	klein	Bein	

3 Wo hörst du das (ei)? Ordne die Wörter aus Aufgabe 2 zu und schreibe sie auf.

X		

	X	

		X

Wörter mit Au/au und Ei/ei

1 Ergänze die fehlenden Buchstaben.

 das H______s

 der Zw______g

 das ______ge

 der Müll______mer

 das Oster______

 der ______sflug

 der ______sbär

 der Z______n

2 Ordne die Wörter aus Aufgabe 1 zu.

Wörter mit Au/au	Wörter mit Ei/ei

Wörter mit Sch/sch

1 Wo hörst du das sch ? Kreuze an.

2 Erkennst du die Wörter? Schreibe sie auf. Kreise alle Sch/sch ein.

schwer

schenken

Schloss

Schwert

mischen

Flasche

schön

schreiben

Auf die Plätze, fertig, kleben! Hier geht es los.
Hurra, jetzt bist du fit!

Fit fürs...
Lesen und Schreiben
Mein Übungsheft

1. Klasse

Lösungsheft

Lösungen:

Seite 4

1

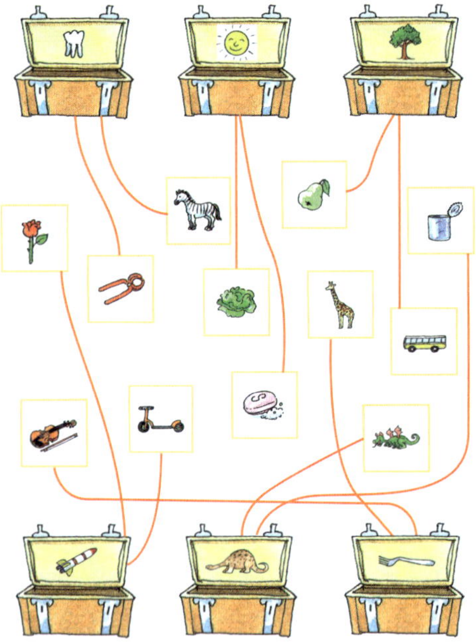

Seite 5

2

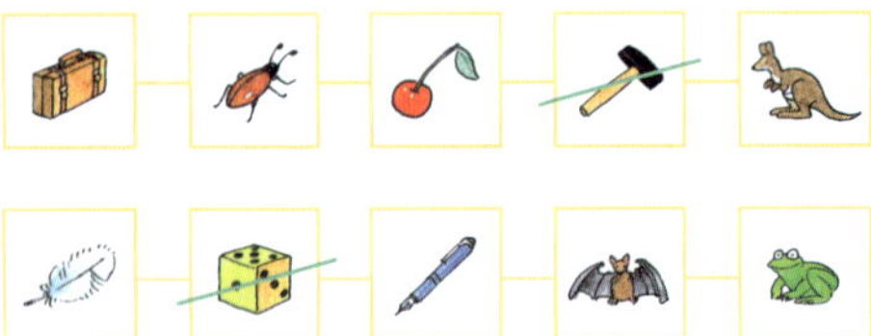

3

Seite 6

4

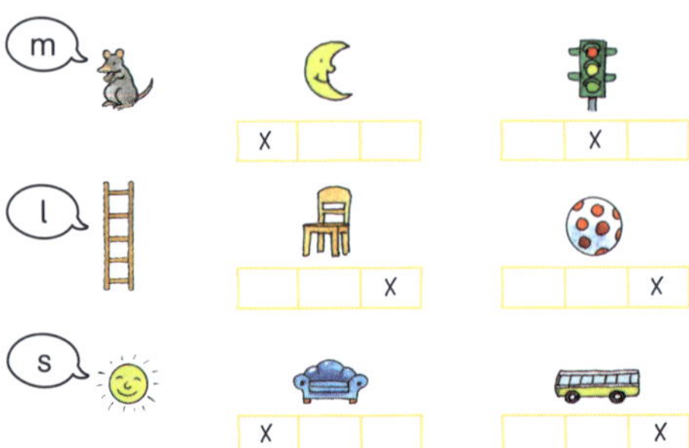

5

Seite 8

1

2

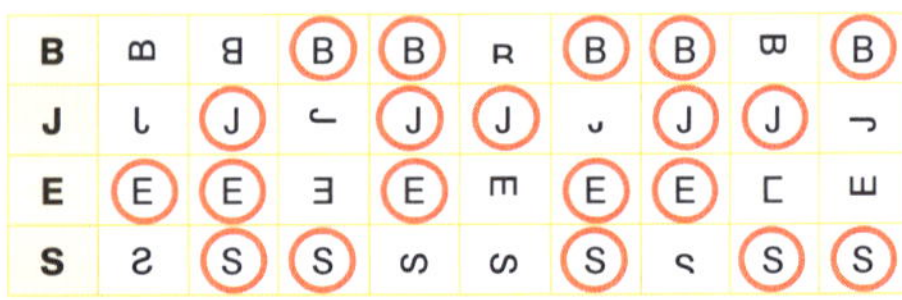

Seite 11

2 A a, B b, C c, D d, E e, F f, G g, H h, I i, J j, K k, L l, M m

Seite 12

2 N n, O o, P p, Q q, R r, S s, T t, U u, V v, W w, X x, Y y, Z z

Seite 13

3

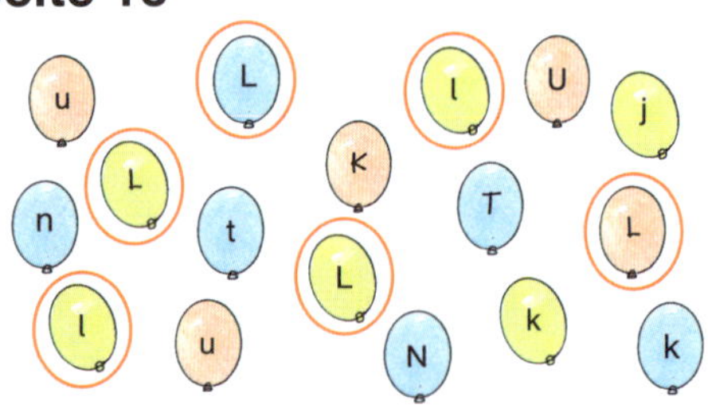

4
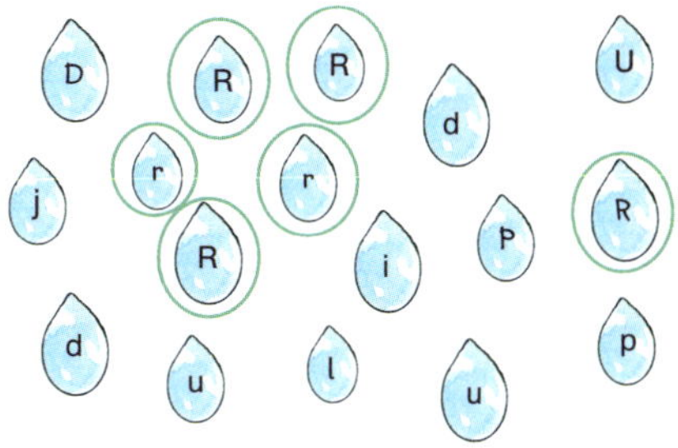

Seite 15

7 DER FROSCH SONNT SICH AM SEE.

Seite 16

2 mein kein bauen heute
freuen eine schlau scheu

Seite 17

1
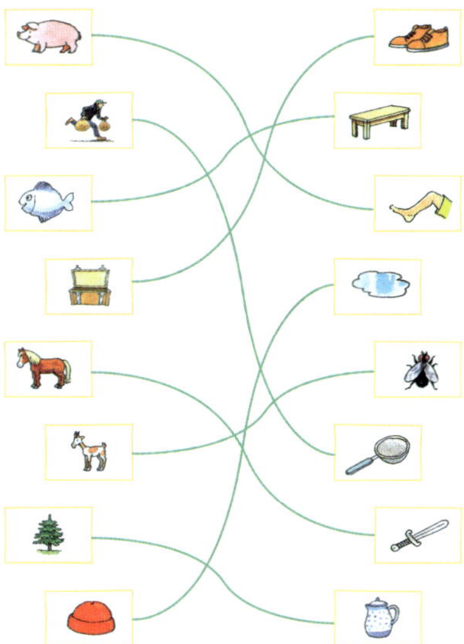

Seite 18

2
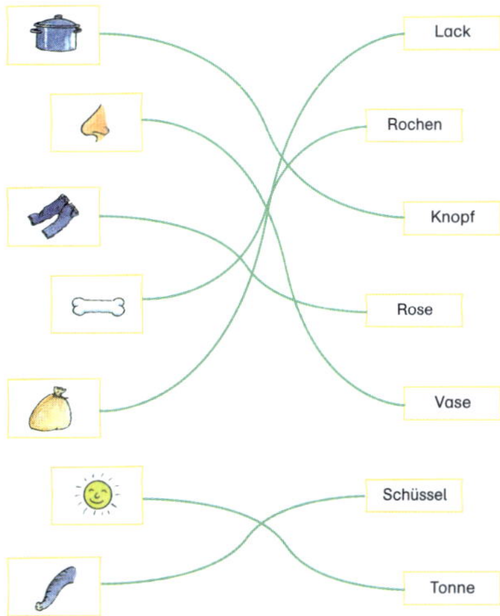

Seite 19

1 Krokodil: 3, Schmetterling: 3, Baum: 1, Blume: 2, Pilz: 1, Fahrrad: 2, Zug: 1, Motorrad: 3, Regenschirm: 3, Mütze: 2, Schal: 1, Gitarre: 3, Harfe: 2, Flöte: 2

Seite 20

2/3 1 Silbe: Buch, Heft, Helm
2 Silben: Schule, Globus, Kreide
3 Silben: Turnbeutel, Luftpumpe

Seite 21

3 Auge, Elefant, Pausenhof, Tintenfisch, Schaukelpferd, Zebrastreifen, Taucherbrille, Taschenlampe

Seite 22

1

X	S	C	H	W	I	M	M	B	A	D
L	U	T	R	U	T	S	C	H	E	B
T	S	R	T	J	I	S	O	N	N	E
I	Z	K	I	N	D	E	R	G	E	B
O	P	S	P	A	ß	H	R	L	O	C
F	E	I	S	S	E	B	A	H	L	F

Seite 23

1

☐ der Löwe	☒ der Löffel	☐ das Los
☒ der Engel	☐ der Efeu	☐ der Erfinder
☐ drehen	☐ das Dorf	☒ der Drache
☐ schicken	☒ schreiben	☐ schenken
☒ die Katze	☐ der Käfig	☐ das Klavier
☐ der Klee	☒ klettern	☐ kleben

Seite 24

1

der Baum — die Ameise — das Eis

der Mond — das Bett — die Wolke

2

drei Sonnen — fünf Bälle — vier Blumen

sechs Stifte — zwei Bananen — acht Fliegen

Seite 25

1

der Planet — die Rakete — Das Ufo — die Erde — die Astronautin

das Reh — das Gras — das Blatt — das Wasser — der Stein

die Schaukel — das Kind — der Eimer — die Rutsche — die Sandburg

Seite 26

1

B U S	T O M A T E	U F O
B L U M E	M E L O N E	W U R M
D O S E	B A N A N E	S A L A T
H O S E	D E L F I N	S O F A
H U T	R A D I O	

Seite 27

2 Bär, Planet, Kamel, Lineal, Panda, Banane, Nase, Lampe

Seite 28

1

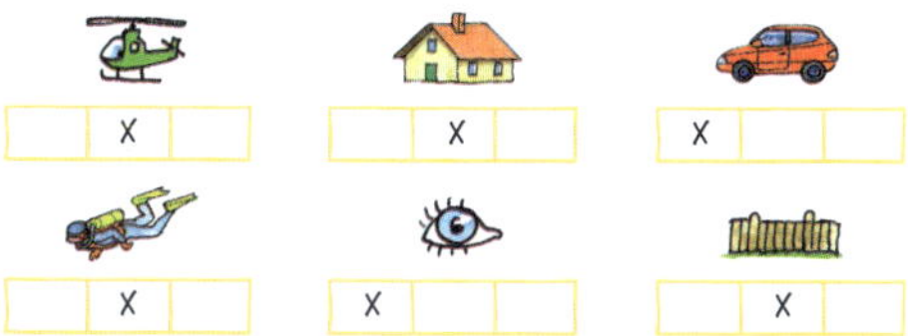

2 Frau, blau, Trauben, Maus, Baum

Seite 29

1 

2 eins, mein, frei, Zauberei,
Eidechse, klein, Bein

3 [x][ ][ ] Eidechse, eins

[ ][x][ ] mein, klein, Bein

[ ][ ][x] frei, Zauberei

Seite 30

1 

das Haus, der Zweig, das Auge, der Mülleimer, das Osterei, der Ausflug, der Eisbär, der Zaun

2 Wörter mit Au/au: Haus, Auge, Ausflug, Zaun
Wörter mit Ei/ei: Zweig, Mülleimer, Osterei, Eisbär

Seite 31

1

2 schwer, schenken, Schloss,
Schwert, mischen, Flasche,
schön, schreiben

Seite 34

1 Pfeife, Apfel, Pflanze, Pflaume, Napf, Pfannkuchen

Seite 35

1 Stiefel, Storch, Stuhl, Stern
2 Sturm, Stirn, Stempel, Stroh

Seite 36

1 

2 SPIELEN, SPÄT, SPINAT, SPITZ, SPORT, SPAREN

Seite 37

1 Käse, Tür, Gürtel, Löffel, Bär
2 Fr**ö**sche, M**ä**nner, St**ü**hle, Fl**ü**sse, T**ö**pfe, B**ä**lle, V**ö**gel

Seite 38

1

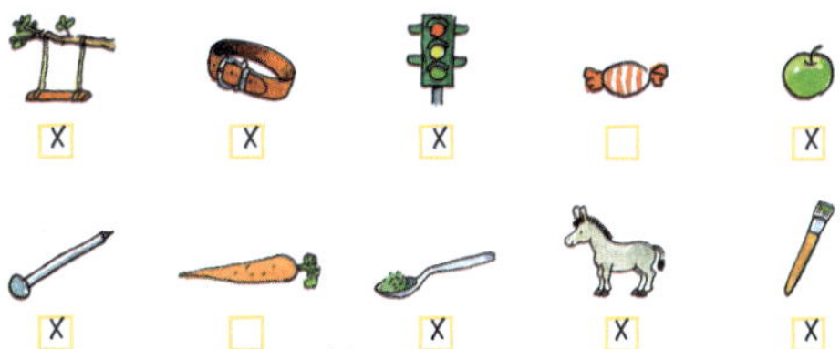

2 

Seite 39

1 Hex**e**, Melon**e**, Schneck**e**, Kirsch**e**, Schuh**e**, Rutsch**e**, Kett**e**, Orang**e**, Wolk**e**, Flasch**e**, Tasch**e**, Tulp**e**, Tomat**e**, Käs**e**, Drach**e**

Seite 40

1 ch wie in Licht: der Teich, der Elch, die Aussicht, der Becher, das Gedicht
ch wie in Bauch: das Schach, der Fluch, der Koch, die Sache, der Bach

Seite 41

1 Finger, Zunge, Ring, singen, Engel, lang, jung, springen, Ausgang, eng, fangen, Junge

2 **I**nge besuchte ihren Freund **I**ngo.
Er war ein Ju**ng**e aus ihrer Klasse.
Eines Tages entdeckten sie eine Schla**ng**e im Blumenbeet.
Ingo erschreckte sich.
Inge ging la**ng**sam näher. Dann mussten beide lachen.
Das war keine Schla**ng**e, sondern ein la**ng**er Gartenschlauch!

Seite 42

1 der Zaun, viele Zäune
der Baum, viele Bäume
das Haus, viele Häuser
der Schlauch, viele Schläuche

2 die Hand, viele Hände
der Sack, viele Säcke
das Rad, viele Räder
der Apfel, viele Äpfel
der Ast, viele Äste

Seite 43

1 Kind|Palme|Löwe|Ball|Amsel|Tulpe|Mann|Schrank
Fenster|Pinguin|Oma|Blume|Papagei|Frau|Regal|Gras

2 Personen: Kind, Mann, Oma, Frau
Tiere: Löwe, Amsel, Pinguin, Papagei
Pflanzen: Palme, Tulpe, Blume, Gras
Gegenstände: Ball, Schrank, Fenster, Regal

Seite 44

1

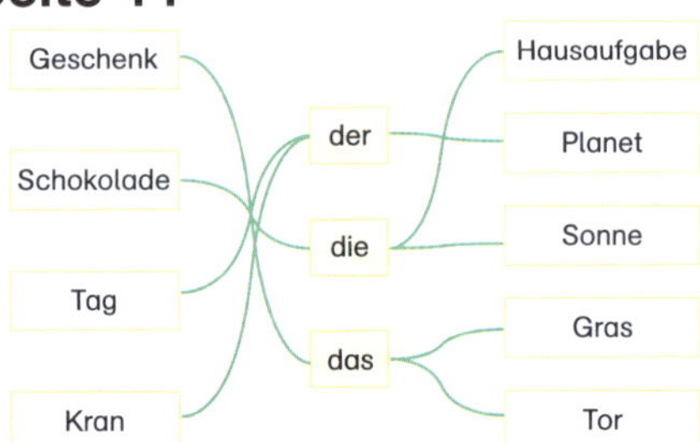

2 der Ring, die Mütze, das Brot, das Flugzeug, die Zeitung, das Rennauto, die Tasse, der Fisch

Seite 45

1 eine: Burg, Rüstung, Prinzessin, Geschichte, Krone
ein: Kampf, Ritter, Pferd, Schwert, Schild

2 **die W**olke, **die T**reppe, **das N**est, **der H**ase, **die U**hr, **der U**hu, **die T**rompete, **das S**chiff

Seite 46

1

Kinder Bananen Autos Katzen

Seite 47

1 das Windrad, das Baumhaus, der Ringfinger, der Fußball, der Eisbär, der Regenschirm

Seite 49

1 tragen, schreiben, wandern, trinken, essen, tauchen, tanzen, schlafen

Seite 50

1

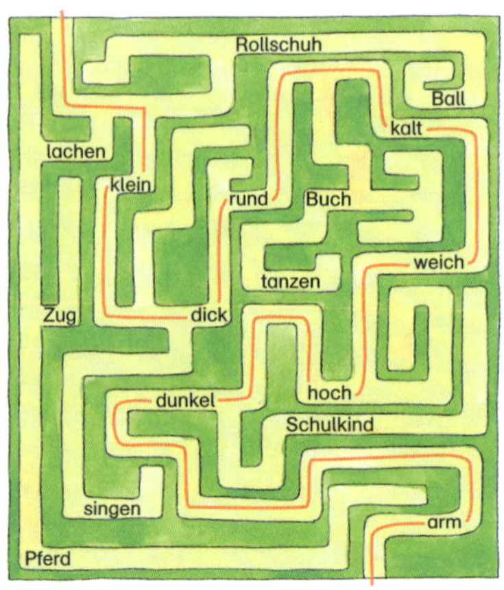

2 klein, dick, rund, kalt, weich, hoch, dunkel, arm

Seite 51

1 stark, schnell, müde, laut, traurig, freundlich, schön, groß, fleißig, glücklich, bunt, schlau

2 Das Buch ist spannend.
Eine Zitrone schmeckt sauer.
In der Nacht ist es dunkel.
Das Meer ist tief.
Das Fell des Hundes ist weich.

Seite 52

1 Nele|spielt|Fußball.
Der|Bär|fängt|Fische.
Sie|geht|zum|Spielplatz.

Seite 53

1 Finn und Ida essen Kirschen.
Die Kinder verstecken sich im Heuhaufen.
Jonas backt seiner Mama einen Kuchen.

Seite 55

1 Ramona hört ~~sieht~~ Musik und tanzt.
Die Schaukel ~~Rutsche~~ hängt am Baum.
Ins Baumhaus kann man mit ~~unten~~ einer Leiter klettern.
Auf dem ~~sich~~ Schulhof steht ein Klettergerüst.
Tim malt ein ~~ohne~~ Bild von einem Zug.
Jakob wirft ~~in~~ den Ball in den Korb.
Eine Schnecke kriecht ~~unter~~ auf der Erde.
Der Maulwurf schaut ~~ohne~~ aus seinem Hügel heraus.
Die Kinder gehen in ~~auf~~ die Bücherei.
Die Erde kreist um ~~von~~ die Sonne.
Die Amsel hält im Schnabel einen ~~nein~~ Wurm.
Greta lacht ~~es~~ mit ihrer Oma.
Die Bäume verlieren ~~am~~ im Herbst die Blätter.
Tomma bläst die Kerzen aus ~~an~~.

Seite 56

1 So könnte Antons Tier aus dem Traum aussehen:

Seite 57

1

Seite 58

1

Der Drache kauft einen Feuerlöscher.

Eine Spinne geht mit Turnschuhen spazieren.

Das kranke Nashorn trägt einen Schal um sein Horn.

Der Regenwurm braucht bei schlechtem Wetter Regenschirme.

Die Schnecke gewinnt das Wettkriechen.

Der Mann hat Lockenwickler in seinem Bart.

Die Maus verkleidet sich als Elefant.

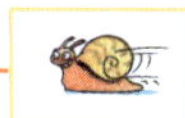

Seite 59

1

					1	G	I	R	A	F	F	E	
2	W	A	S	S	E	R							
					3	A	U	G	E	N			
					4	S	O	N	N	E			
					5	F	Ü	N	F				
					6	R	O	T					
				7	M	O	N	T	A	G			
					8	S	C	H	N	E	C	K	E
				9	S	C	H	A	L				
					10	H	A	M	M	E	R		

Lösungswort: GRASFROSCH

Seite 60

2

👍	👎	
	X	Auf dem Kettenkarussell sitzen fünf Kinder.
X		Das Mädchen hat drei Luftballons in der Hand.
	X	Der Clown verkauft Zuckerwatte.
X		Ein Taschendieb versucht einen Geldbeutel zu stehlen.
	X	Die Geisterbahn kostet zwei Euro Eintritt.
	X	Der Junge mit der Brille isst ein Eis.

Seite 61

1 Jens, Lotta und Käthe nutzen den Kalender.
Opa hat am 7. Februar Geburtstag.
Die Familie geht am 3. Februar ins Theater.
Käthe muss am 4. Februar zum Zahnarzt.

Seite 62

1 1a, Apfel, 23 Kinder

Seite 63

1 Er frisst Insekten.
Mit der Zunge fängt er Insekten.
Aus den Eiern entwickeln sich Kaulquappen.

Wörter mit Pf/pf

1 In welchen Wörtern hörst du ein Pf/pf? Kreise die Bilder ein.

2 Schreibe die Wörter.

 der

 die

 die

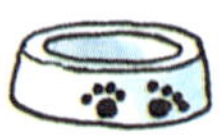 der

 der

 die

Wörter mit St/st

1 Welche Wörter beginnen mit **St**? Male sie an.

2 Schreibe die Wörter.

S t u r m

S t i r n

S t e m p e l

S t r o h

Wörter mit Sp/sp

1 In welchen Wörtern hörst du ein schp ? Kreise die Bilder ein.

2 Finde die sechs Wörter mit **SP** und kreise sie ein.

S	P	I	E	L	E	N
R	U	S	P	Ä	T	M
Z	S	P	I	N	A	T
F	R	S	P	I	T	Z
S	P	O	R	T	S	P
T	S	P	B	C	S	D
A	S	P	A	R	E	N

Wörter mit Ä/ä, Ö/ö, Ü/ü

1 Schreibe die Wörter. Kreise alle **ä, ö, ü** ein.

 Föhn

2 Ergänze die fehlenden Buchstaben.

 der Frosch – die Fr___sche 

 der Mann – die M___nner 

 der Stuhl – die St___hle 

 der Fluss – die Fl___sse 

 der Topf – die T___pfe 

 der Ball – die B___lle 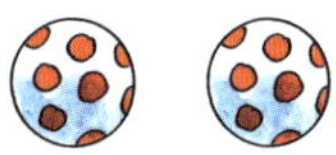

 der Vogel – die V___gel 

Wörter mit -el und -er

1 Welche Wörter enden mit **-el**? Kreuze an.

2 Welche Wörter enden mit **-er**? Kreise sie ein.

Wörter mit der Endung -e

1 Welche Wörter enden mit –e? Kreuze an.

Wörter mit -ch

1 Ordne die Begriffe zu.

der Teich, das Schach, die Sache, der Fluch, der Becher, die Aussicht, der Koch, der Elch, das Gedicht, der Bach

ch wie in Licht	ch wie in Bauch

Wörter mit -ng

1 Kreise alle ng in den Wörtern ein.

der Finger | die Zunge | der Ring | singen | der Engel | lang | jung | springen | der Ausgang | eng | fangen | der Junge

2 Lies die Geschichte. Kreise dann alle Wörter mit **-ng** ein.

Inge besuchte ihren
Freund Ingo.
Er war ein Junge aus
ihrer Klasse.
Eines Tages
entdeckten sie
eine Schlange im
Blumenbeet.
Ingo erschreckte sich.

Inge ging langsam
näher. Dann mussten
beide lachen.
Das war keine
Schlange, sondern
ein langer
Gartenschlauch!

Au/au wird zu Äu/äu und A/a wird zu Ä/ä

1 Schreibe die Wörter. Denke daran, aus Au/au wird Äu/äu.

 der Zaun  viele

 der Baum  viele

 das Haus 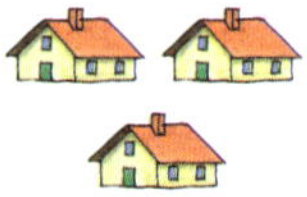 viele

 der Schlauch 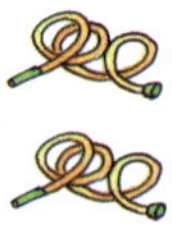 viele

2 Schreibe die Wörter. Denke daran, aus A/a wird Ä/ä.

 die Hand 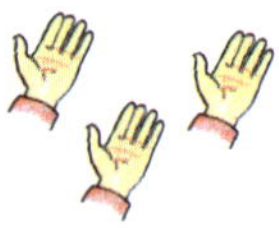 viele

 der Sack  viele

 das Rad  viele

 der Apfel  viele

 der Ast  viele

Nomen erkennen und schreiben

1 Findest du die Nomen? Ziehe nach jedem Wort einen Strich. Schreibe sie auf.

KindPalmeLöweBallAmselTulpeMannSchrank

FensterPinguinOmaBlumePapageiFrauRegalGras

2 Ordne jedes Nomen (Namenwort) aus Aufgabe 1 richtig zu. Kreise den Anfangsbuchstaben ein.

Personen	Tiere	Pflanzen	Gegenstände
Kind			

Bestimmte Artikel finden

1 Verbinde die Wörter mit dem bestimmten Artikel (Begleiter). Kreise die Großbuchstaben ein.

Geschenk		Hausaufgabe
	der	Planet
Schokolade		
	die	Sonne
Tag		
	das	Gras
Kran		Tor

2 Bei den Nomen (Namenwörtern) fehlen die bestimmten Artikel (Begleiter) und die ersten Buchstaben. Ergänze sie.

 ________ ____ing

 ________ ____ütze

 ________ ____rot

 ________ ____lugzeug

 ________ ____eitung

 ________ ____ennauto

 ________ ____asse

 ________ ____isch

Unbestimmte Artikel finden

1 Verbinde die Wörter mit dem unbestimmten Artikel (Begleiter). Kreise die Großbuchstaben ein.

Burg		Krone
Rüstung	ein	Ritter
Kampf		Pferd
Prinzessin	eine	Schwert
Schild		Geschichte

2 Bei den Nomen (Namenwörtern) fehlen die unbestimmten Artikel (Begleiter) und die ersten Buchstaben. Ergänze sie.

 ________ ____olke

 ________ ____hr

 ________ ____reppe

 ________ ____hu

 ________ ____est

 ________ ____rompete

 ________ ____ase

 ________ ____chiff

Einzahl und Mehrzahl

1 Male und schreibe die Begriffe in der Mehrzahl.

ein Kind — zwei Kinder

eine Banane — sechs

ein Auto — drei

eine Katze — vier

Zusammengesetzte Nomen

1 Verbinde die beiden Puzzleteile. Schreibe das zusammengesetzte Nomen auf.

Wind	Rad	das Windrad
Baum	Haus	das
Ring	Finger	der
Fuß	Ball	der
Eis	Bär	der
Regen	Schirm	der

Verben erkennen

1 Was tun die Kinder auf dem Bild? Lies die Verben laut vor und schreibe sie auf.

rutschen rennen lachen schaukeln spielen schwimmen

Verben finden

1 Was tun die Ameisen? Schreibe auf. Denke daran:
Verben werden kleingeschrieben.

schlafentanzentrinkentragen tauchenwandernessenschreiben

Adjektive erkennen

1 Finde den richtigen Weg. Folge den Adjektiven (Wiewörtern).

2 Schreibe die Adjektive (Wiewörter) aus Aufgabe 1 auf.

Adjektive finden

1 Kreise alle Adjektive ein.

das Haus die Mauer stark das Lachen schnell

müde laut traurig freundlich

schön groß fleißig glücklich

schlau bunt lernen rufen spielen

2 Ergänze passende Adjektive.

sauer dunkel spannend weich tief

Das Buch ist ______________. 

Eine Zitrone schmeckt ______________. 

In der Nacht ist es ______________. 

Das Meer ist ______________. 

Das Fell des Hundes ist ______________. 

Sätze erkennen

1 Trenne die Wörter durch Striche und schreibe den Satz richtig auf.

Der Hahn kräht.

Sätze bilden

1 Erkennst du die Sätze? Schreibe sie auf.

ein Buch. | liest | Annina

Annina liest ein Buch

essen | Finn und Ida | Kirschen.

im Heuhaufen. | verstecken sich | Die Kinder

backt | Jonas | einen Kuchen. | seiner Mama

Einen Comic lesen

1 Lies den Comic.

Pepe lernt das Fahrradfahren

2 Was könnte Pepe am Ende sagen?
Schreibe es in die Sprechblase.

Stolpersätze verbessern

1 In jedem Satz ist ein Wort zu viel. Streiche es durch.

Der Mann hat einen Hut auf ~~mit~~ dem Kopf. 

Ramona hört sieht Musik und tanzt. 

Die Schaukel Rutsche hängt am Baum.

Ins Baumhaus kann man mit unten einer Leiter klettern.

Auf dem sich Schulhof steht ein Klettergerüst.

Tim malt ein ohne Bild von einem Zug. 

Jakob wirft in den Ball in den Korb. 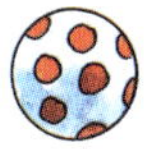

Eine Schnecke kriecht unter auf der Erde. 

Der Maulwurf schaut ohne aus seinem Hügel heraus.

Die Kinder gehen in auf die Bücherei. 

Die Erde kreist um von die Sonne. 

Die Amsel hält im Schnabel einen nein Wurm.

Greta lacht es mit ihrer Oma.

Die Bäume verlieren am im Herbst die Blätter. 

Tomma bläst die Kerzen aus an. 

Lesebilder zu Sätzen malen

1 Lies die Sätze und ergänze das Bild.

Anton träumt von einem lustigen Tier.
Es hat fünf blaue Beine.
Lange schwarze Ohren stehen nach oben wie bei einem Hasen.
Es hat einen Rüssel bis zum Boden.
Die Augen sind groß und haben lange Wimpern.
Der Kopf ist grün. Der Körper ist rosa und hat rote Punkte.
Es hat einen braunen Kringelschwanz.
Auf dem Rücken sind zwei kleine Flügel.

Lesebilder zu Sätzen malen

2 Lies die Sätze und zeichne das Bild.

Das ist Roboter Robi.
Er kommt vom Planeten Ragela.
Sein Kopf ist blau.
Sein Körper ist grün.
Seine Arme und Beine sind rot.
Rechts neben ihm steht sein Ufo.
Auf seinem Kopf sitzt ein Vogel.
In seinen Händen hält er einen Stift und einen Zettel.
Er steht auf einer grünen Wiese.
Am Himmel scheint die Sonne.
Wolken schweben am Himmel.

Bilder finden

1 Lies die Quatschsätze. Verbinde sie mit dem passenden Bild.

Der Drache kauft einen Feuerlöscher.

Eine Spinne geht mit Turnschuhen spazieren.

Das kranke Nashorn trägt einen Schal um sein Horn.

Der Regenwurm braucht bei schlechtem Wetter Regenschirme.

Die Schnecke gewinnt das Wettkriechen.

Der Mann hat Lockenwickler in seinem Bart.

Die Maus verkleidet sich als Elefant.

Rätsel lösen

1 Löse das Rätsel. Findest du das Lösungswort?

					1								
2													
					3								
					4								
					5	F	Ü	N	F				
					6								
				7									
					8								
				9									
					10								

1 Das Tier hat einen sehr langen Hals.
2 Man kann es trinken und sich damit waschen.
3 Damit kannst du sehen.
4 Morgens geht sie auf und abends wieder unter.
5 Welche Zahl kommt nach vier?
6 Kirschen haben diese Farbe.

7 Dieser Tag kommt vor Dienstag.
8 Ein kleines Tier mit einem Haus auf dem Rücken.
9 Dieses Kleidungsstück trägt man um den Hals.
10 Hiermit schlägst du Nägel in die Wand.

Richtig oder falsch?

1 Sieh dir das Bild genau an.

2 Passen die Sätze zu dem Bild? Kreuze an.

		Auf dem Kettenkarussell sitzen fünf Kinder.
		Das Mädchen hat drei Luftballons in der Hand.
		Der Clown verkauft Zuckerwatte.
		Ein Taschendieb versucht einen Geldbeutel zu stehlen.
		Die Geisterbahn kostet zwei Euro Eintritt.
		Der Junge mit der Brille isst ein Eis.

Einen Kalender lesen

1 Sieh dir das Kalenderblatt an. Beantworte die Fragen stichpunktartig.

Februar			
	Jens	Lotta	Käthe
1 Montag		Geburtstagsfeier	
2 Dienstag			
3 Mittwoch		Theaterbesuch	
4 Donnerstag			Zahnarzt
5 Freitag			
6 Samstag			
7 Sonntag	Opa Geburtstag		

Welche Personen nutzen den Kalender?

Wer hat am 7. Februar Geburtstag?

Wann geht die Familie ins Theater?

Wann muss Käthe zum Zahnarzt?

Ein Diagramm lesen

1 23 Kinder aus der Klasse 1a wurden zu ihrem Lieblingsobst befragt. Betrachte das Diagramm.

Lieblingsobst der Klasse 1a

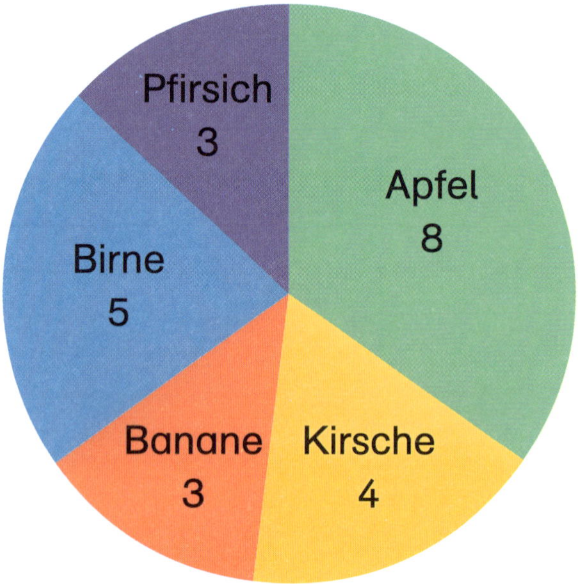

2 Beantworte die Fragen.

Welche Klasse wurde befragt?

☐ 1a ☐ 2b ☐ 1c

Welches Obst wurde am häufigsten genannt?

☐ Kirsche ☐ Apfel ☐ Banane

Wie viele Kinder wurden befragt?

☐ 25 ☐ 23 ☐ 21

Fragen zu einem Sachtext beantworten

1 Lies den Text. Antworte dann in ganzen Sätzen.

Der Wasserfrosch

Es gibt viele verschiedene Froscharten. In Deutschland kannst du oft den Wasserfrosch beobachten. Er ist grün und lebt in Seen und Teichen. Mit seiner Zunge fängt er Insekten und frisst sie. Das Weibchen versteckt seine Eier unter Pflanzen im Wasser. Daraus entwickeln sich Kaulquappen. Die Kaulquappen sind schwarz, ganz klein und haben einen Schwanz. Langsam verwandeln sie sich zu einem Frosch.

Was frisst der Wasserfrosch?

Womit fängt er Insekten?

Was entwickelt sich aus den Eiern?

Eine Geschichte schreiben

1 Schreibe die Geschichte zu Ende.

Frida und Anton laufen vom Spielplatz nach Hause. Plötzlich hören sie ein lautes Miauen: Auf einem hohen Baum sitzt eine ängstliche Katze.